嘻哈鳥森林故事叢書

兒童正向教育繪本 5

不想説再見

何巧嬋　著
Kyra Chan　圖

作者 何巧嬋

何巧嬋，香港教育大學名譽院士、澳洲麥覺理大學（Macquarie University）教育碩士。曾任校長，現職作家、學校總監、香港教育大學客席講師。

主要公職包括多間學校校董、香港康樂及文化事務署及文學藝術專業顧問、香港兒童文藝協會前會長等。

何巧嬋，熱愛文學創作，致力推廣兒童閱讀，對兒童的成長和發展，有深刻的關注和認識。截至 2021 年為止，已出版的作品約一百八十多本。

繪者 Kyra Chan

從小愛幻想，喜歡看繪本，對書籍的誕生一直有着憧憬，於是在設計學院畢業後投身童書出版界。特別擅長繪畫調皮可愛的畫風，已出版的繪畫作品包括《我的旅遊手冊》系列、《親親幼兒經典童話》系列、《立體 DIY 動手玩繪本》系列、抗疫繪本《病毒壞蛋，消失吧！》等。

kyra.illust

給小讀者的話

小朋友，六隻小猴子：
胖胖、長尾、高高、毛毛、秀秀和小小
在森林裏發現了一棵美麗的大樹，
葉子像心心又像蝴蝶，
秋姐姐彩筆一揮，
淡紅、粉紅、橙紅、火紅……
滿樹的紅！

小猴子邀請您一起來欣賞他們的心心蝴蝶樹，
讀到最後一頁的時候，
不要忘記和小猴子說再見呀！

在遠遠的森林裏，
住着兩隻嘻哈鳥。

嘻嘻是姊姊，
哈哈是弟弟，
他們是森林小精靈，
幾乎知道森林裏所有的事情。

這一天，猴子媽媽來找嘻嘻和哈哈幫忙，
她們很是擔心呀！

「我們的小猴子不肯回家呀！怎辦好呢？」
猴子媽媽憂愁地向嘻哈鳥求助。

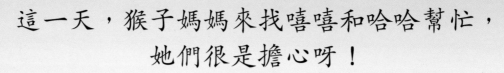

「發生了什麼事呀？」
嘻嘻和哈哈驚訝地問。
猴子媽媽向嘻嘻哈哈講述，
這幾個月發生的事情……

森林裏，樹木多。

猴子愛爬樹，

看誰爬得高？

看誰爬得快？

在好多、好多的猴子裏，
胖胖、長尾、高高、毛毛、
秀秀和小小是最要好的朋友。

在好多、好多的大樹裏，
六隻小猴子發現了……

「快來嗅一嗅！」
毛毛嗅覺最靈敏，
他抱着大樹幹有新發現，
向朋友招手說。

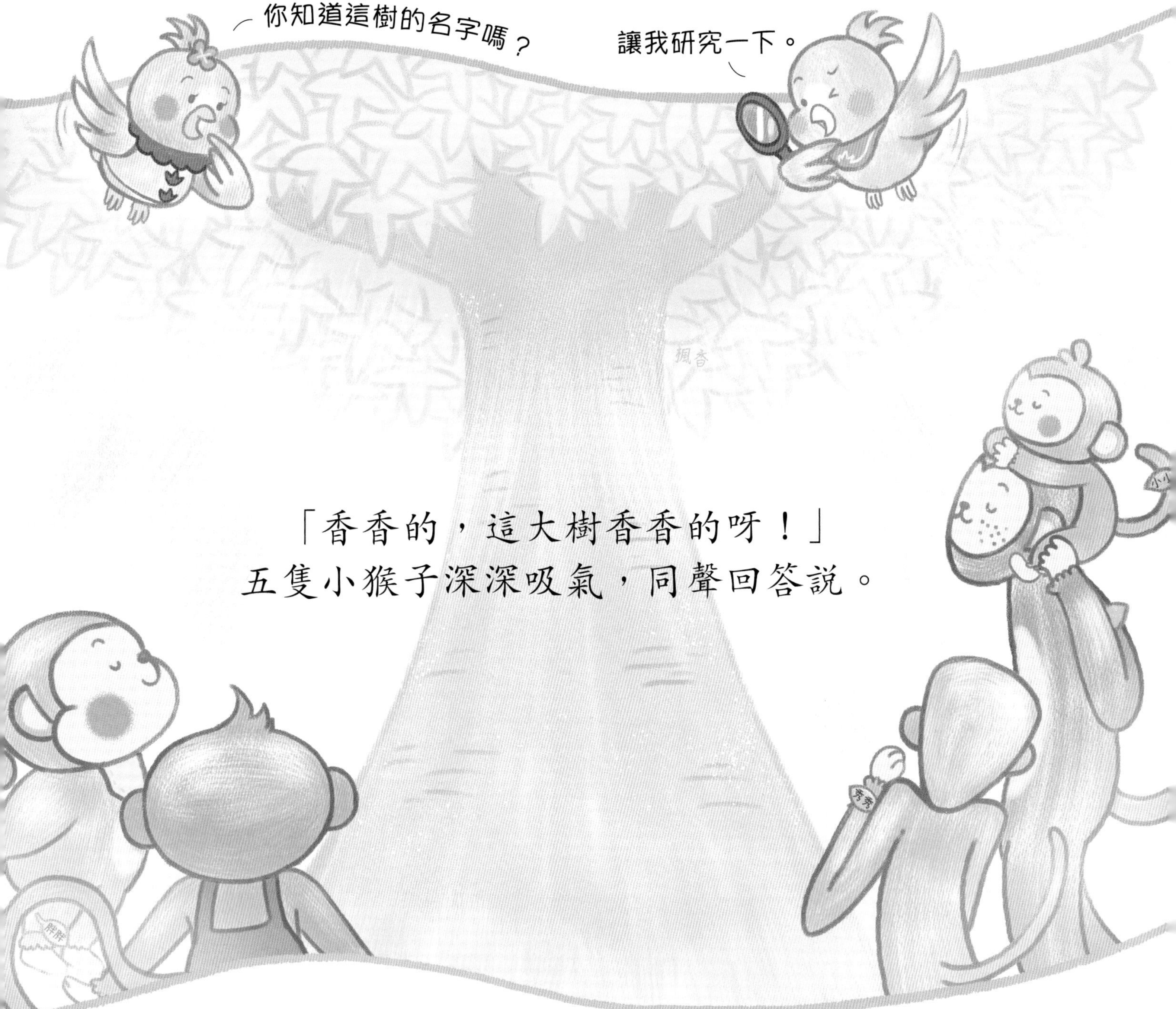

「香香的，這大樹香香的呀！」
五隻小猴子深深吸氣，同聲回答說。

答案請在內文找

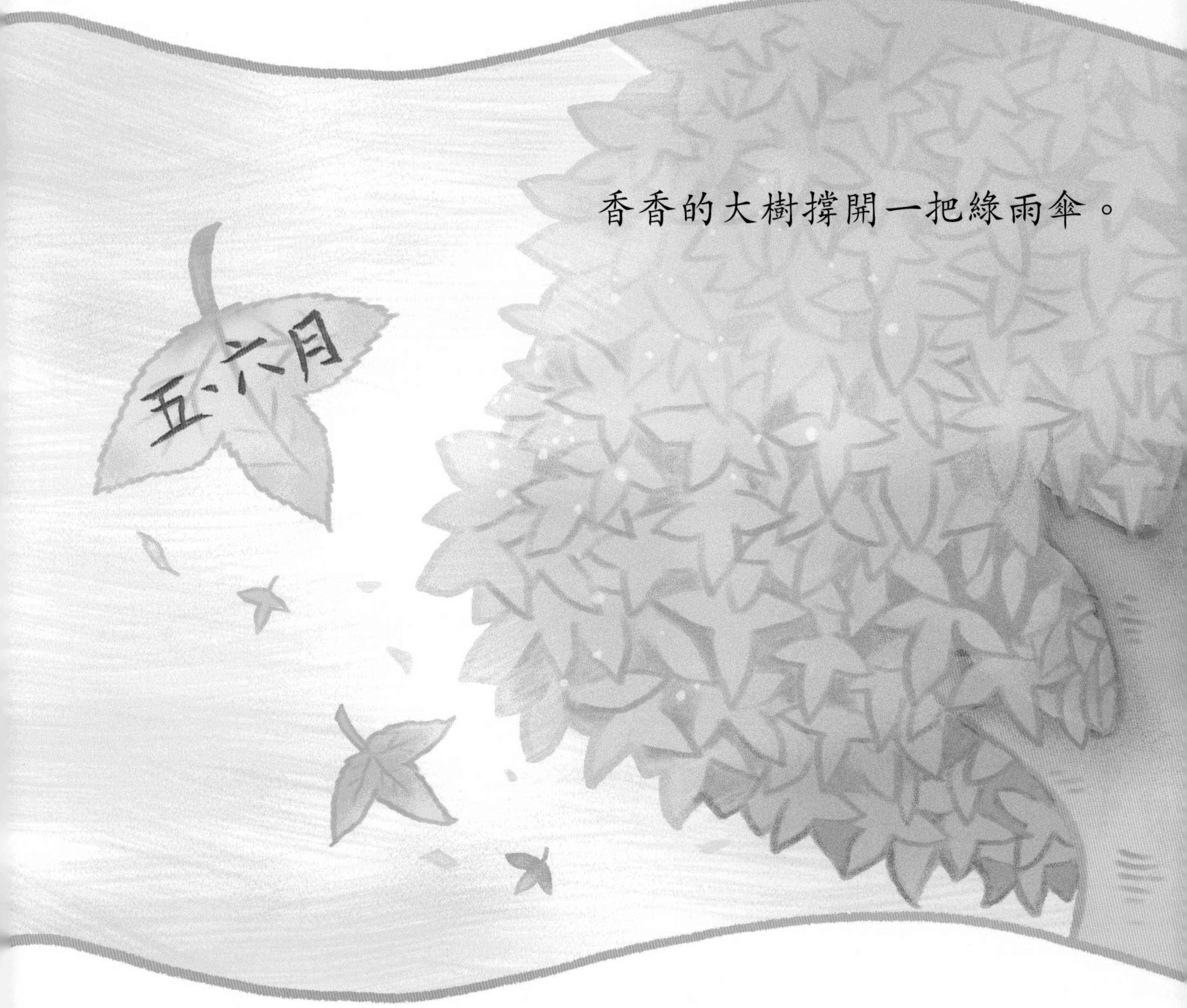

香香的大樹撐開一把綠雨傘。

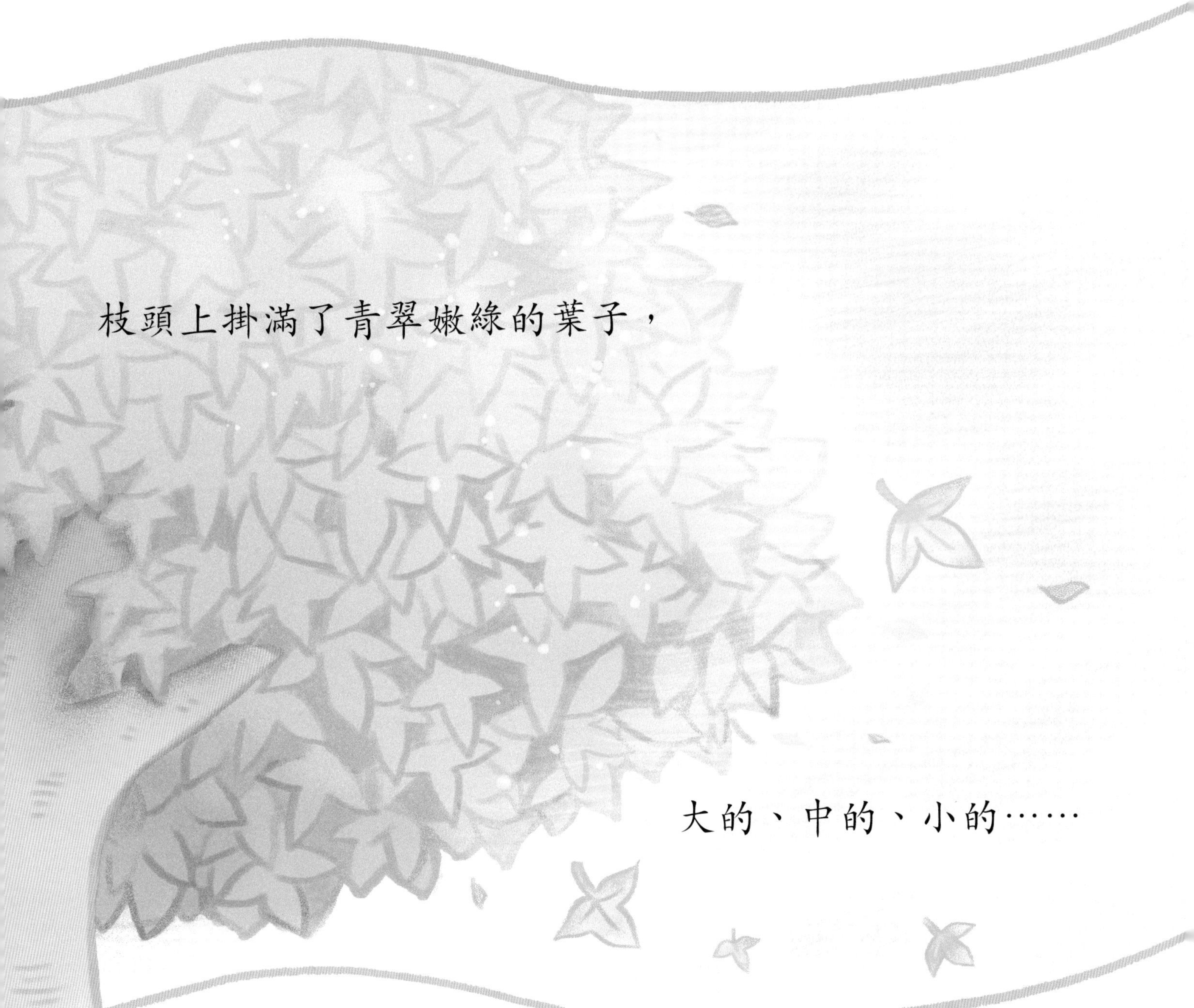

枝頭上掛滿了青翠嫩綠的葉子，

大的、中的、小的……

「這葉子好特別呀！」
毛毛拿着一片樹葉研究。

「像什麼？讓我想一想」
胖胖說。

「像顆綠色的心。」
小小打着心形的手勢
回答。

「像什麼？」長尾拿着
另一片樹葉問高高。

「像隻張開綠色翅膀的蝴蝶。」
高高扮蝴蝶飛，飛，飛。

「綠色的心心，
綠色的蝴蝶，太好了！」
秀秀豎起大拇指，
覺得他的朋友真聰明。

小猴子決定
為大樹改個名字。
綠色的心心？
綠色的蝴蝶？

「就叫心心蝴蝶樹吧！」
毛毛建議。

大家拍起手來，同意了，
還在樹幹上掛了一塊名牌，
簽上自己的名字。

小猴子好高興，圍着大樹跳着舞，唱着歌……

這是我們的樹，
青青的大樹，

葉子像心心，
葉子像蝴蝶，

心心、蝴蝶歡迎你！

夏天的七 、八月，
赤熱的太陽，火辣辣，

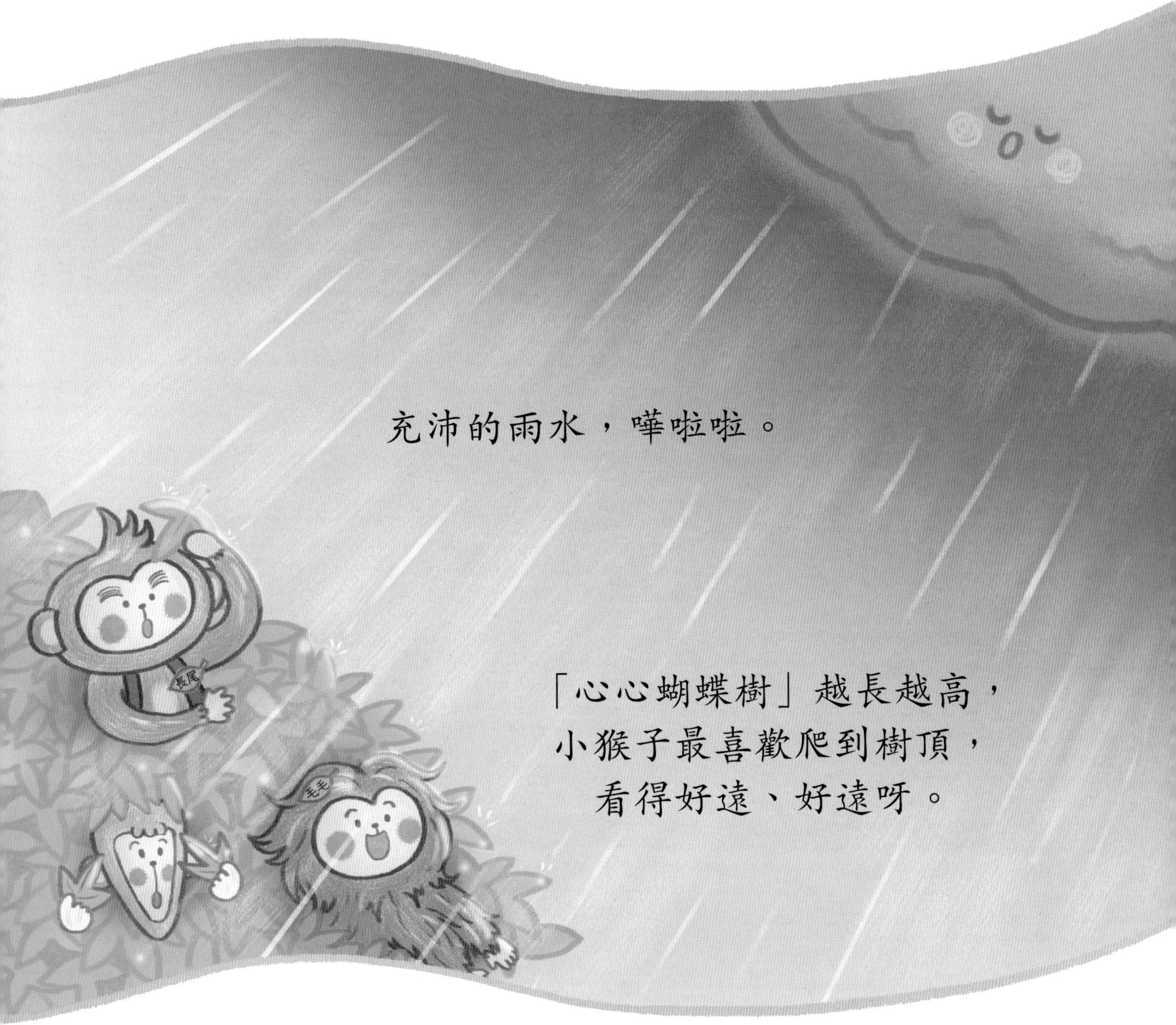

充沛的雨水，嘩啦啦。

「心心蝴蝶樹」越長越高，
小猴子最喜歡爬到樹頂，
看得好遠、好遠呀。

綠葉傘張得越來越大，
濃密的心心蝴蝶葉子，
遮擋着火辣的陽光。
小猴子來在大樹下，

有時候看書，

有時候遊戲，

有時候畫畫，

有時候……

九、十月，
秋姐姐乘着陣陣涼風
來到了森林。

秋姐姐有一枝神奇的彩筆，
她將藍色送給天空，
將白色送給菊花，
將黃色送給小草……

「還有誰呢？」秋姐姐細想。

秋姐姐想起了：
還有小猴子的大樹。

秋姐姐彩筆一揮，
潑出了淡紅、粉紅、橙紅、火紅……

哇！滿樹的紅！
地上也鋪上了
厚厚的紅葉子地氈。

「哇！」
「好美麗的紅葉呀！」
小猴子太喜歡了！

小猴子邀請了
森林的小動物
來看他們美麗的大樹。

「大家都喜歡我們的大樹。」
小猴子好高興。
「好美麗的心心蝴蝶樹！」
大家同聲讚歎！

小象結了一條紅彩帶，
神氣極了！
小豬搖動一雙紅耳環，
快樂地唱歌。
你看，
誰穿了紅裙，跳呀跳？
誰在紅葉地氈上野餐？

昨晚，
森林裏颳起了一陣大風，
呼呼，呼呼！
天空下了整夜秋雨，
滴滴，嗒嗒！

今天，

小猴子來到牠們的心心蝴蝶樹，

禿禿的枝頭，掛着幾片破爛的葉子。

「紅色的心心呢？」
小小傷心地問。

「紅色的蝴蝶呢？」
高高四處張望。

「美麗的紅葉哪裏去了？」
小猴子四處尋找，
不肯回家去。

猴子媽媽和嘻哈鳥
找到傷心的小猴子。

「嘻嘻、哈哈，美麗的紅葉哪裏去了？」
小猴子嗚嗚哭起來。

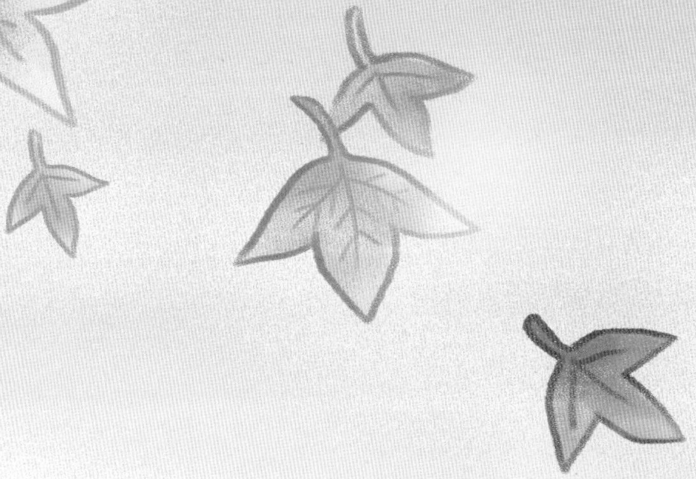

我們是森林小精靈，
知道森林所有的事情，
請聽我們說一說：

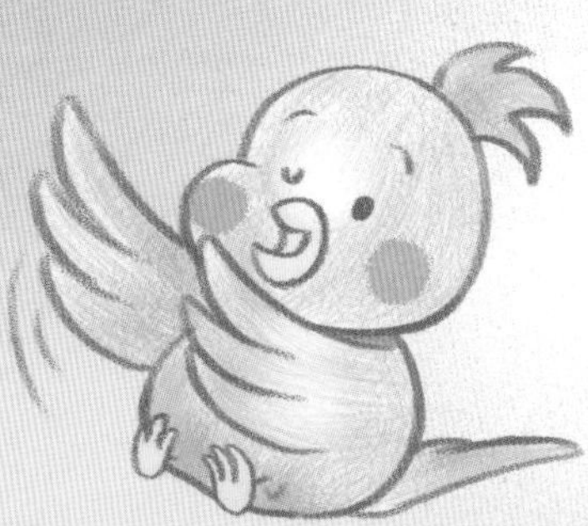

火紅的心心飄到何處？
粉紅的蝴蝶飛到哪裏？

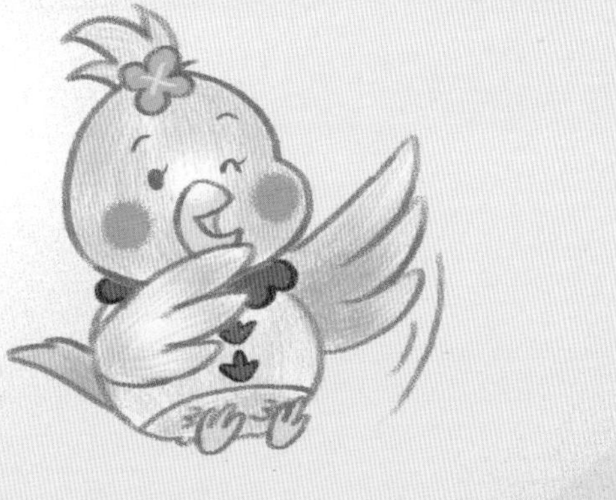

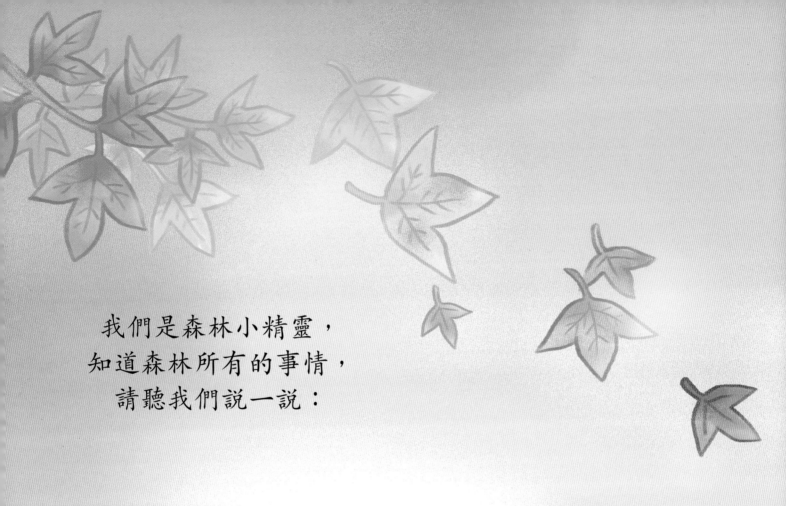

片片的紅葉說再見，
乘着風，
冒着雨，
回到大地媽媽的懷抱。

你看
天空的雁兒也在說：
再見，再見！

「媽媽，美麗的紅葉會回來嗎？」
「媽媽，雁兒飛走了，會回來嗎？」

在回家的路上，小猴子不斷在問。

「會的！」猴子媽媽微笑地回答。

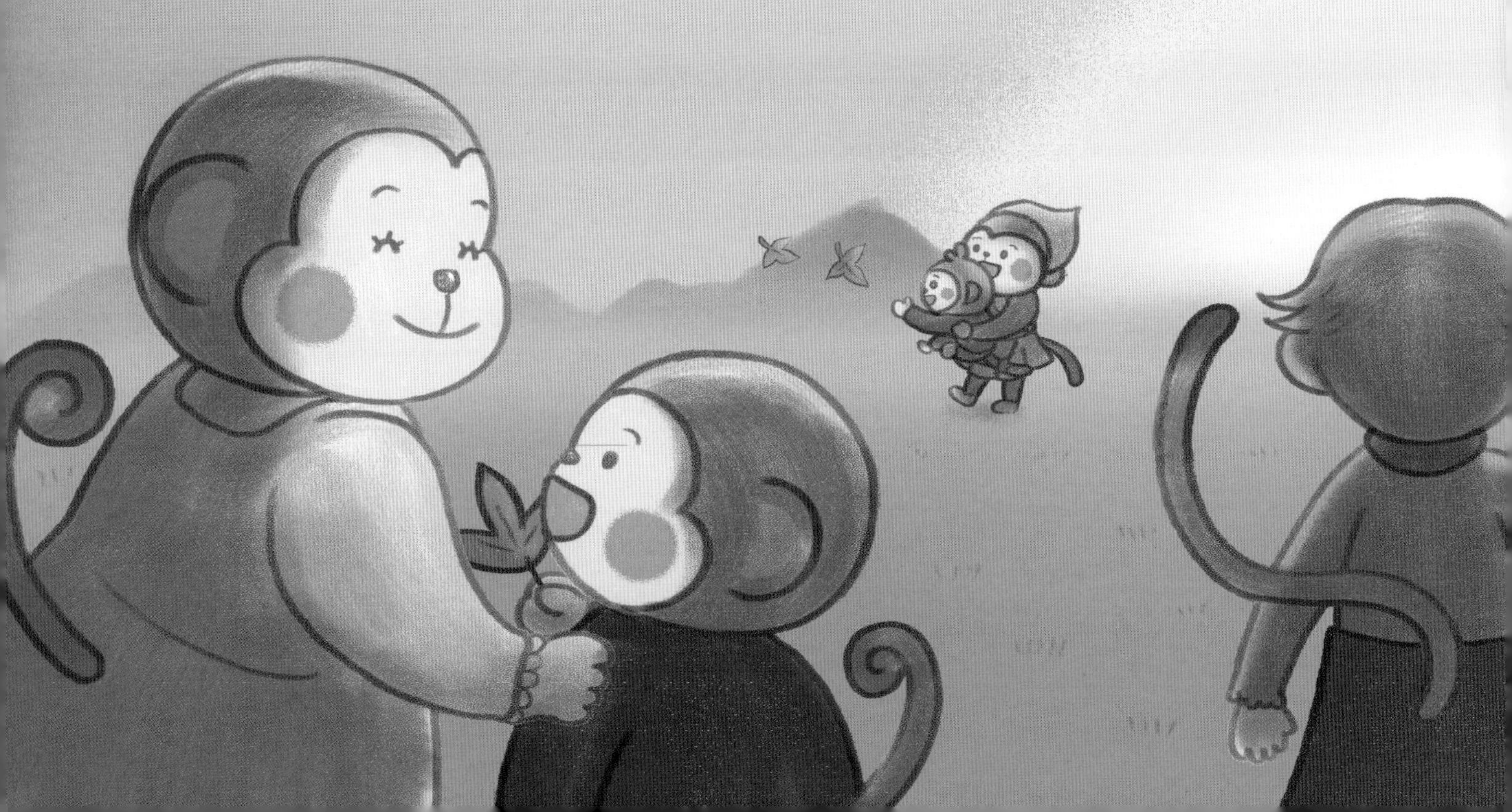

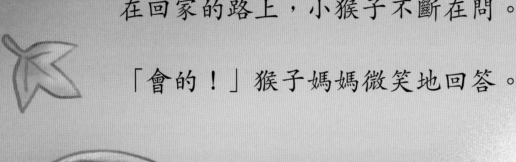